**maçã**

**Apfel**

**pera**

Birne

# laranja

## Orange

# limão

## Zitrone

**uvas**

Weintrauben

# morango

**Erdbeere**

# melancia

## Wassermelone

**coco**

**Kokosnuss**

# banana

**Banane**

# framboesa

## Himbeere

quivi

**Kiwi**

**cereja**

**Kirsche**

**mirtilo**

Heidelbeere

# ameixa

## Pflaume

# pêssego

## Pfirsich

# figo

## Feige

**ananás**

**Ananas**

**manga**

**Mango**

# dióspiro

## Kaki

# couve-flor

## Blumenkohl

# curgete

## Zucchini

**beringela**

**Aubergine**

# cenoura

## Karotte

**batata**

Kartoffel

**couve**

**Kohl**

tomate

**Tomate**

# espinafre

## Spinat

# brócolos

## Brokkoli

**ervilhas**

**Erbsen**

**abóbora**

**Kürbis**

# abóbora-menina

## Butternusskürbis

**abacate**

Avocado

# alcachofra

## Artischocke

cogumelo

**Pilz**

**rabanete**

**Radieschen**

**alho**

Knoblauch

**cebola**

Zwiebel

# beterraba

## Rote Beete

# alho-francês

## Lauch

pimento

Paprika

# pimenta-malagueta

## Chilischoten

**espargos**

**Spargel**